El asombroso cuerpo humano

EL SISTEMA DIGESTIVO

KRYSTYNA PORAY GODDU

BLACK RABBIT BOOKS

Bolt es una publicación de Black Rabbit Books
Apartado Box 3263, Mankato, Minnesota, 56002.
www.blackrabbitbooks.com

Jennifer Besel, editora; Grant Gould, diseñador;
Omay Ayres, investigación fotográfica

Información del catálogo de publicaciones de la biblioteca del congreso

ISBN 978-1-68072-958-0

Impreso en China

Créditos de Imagines

Alamy: Dorling Kindersley, 6–7; Science Source: Anatomical Travelogue, 8 (garganta); Bo Veisland, MI&I, 16; Henning Dalhoff, 11 (l); Peter Gardiner, 11 (r); SPL, 1; Shutterstock: Africa Studio, 26-27; Aleksandr Afromeev, 12 (pez); Alexilusmedical, 1; Andreas Meyer, Cubierta, 28 (esqueleto); Arunsri Futemwong, 12 (arroz); bigacis, Cover, 28 (hamburguesa); Blamb, 19; CLIPAREA l Custom media, 3, 28 (r); decade3d – anatomy online, 12 (ácido); George3973, 12 (nuez); kaiskynet, 12 (pan); Maks Narodenko, 12 (plátanos); Marochkina Anastasiia, 21; monticello, 26; NAttika, 12 (papas); Natykach Nataliia, 20 (r); Nerthuz, 32; Nik Merkulov, 12 (brócoli); NIPAPORN; nobeastsofierce, 15, 25; Scott Bartlett, 20 (l); Sebastian Kaulitzki, 22, 29; Sylwia Brataniec, 12 (pasta); Thomas M Perkins, 4–5; Tim UR, 12 (naranja); timquo, 12 (semillas); Tobik, 12 (yogur); travellight, 12 (arvejas); Vector for u, Cubierta (fondo); wavebreakmedia, 8 (hombre); Yoko Design, 31; zcw, 12 (arvejas)
Se ha hecho todo esfuerzo posible para establecer contacto con los titulares de los derechos de autor del material reproducido en este libro. Cualquier omisión será rectificada en impresiones posteriores previo

CONTENIDO

CAPÍTULO 1
Obtener energía. 4

CAPÍTULO 2
El inicio del viaje. 9

CAPÍTULO 3
Obtener los nutrientes. 13

CAPÍTULO 4
El viaje hacia afuera 18

CAPÍTULO 5
¿Por qué la gente se enferma?. 23

Glosario 30

CAPÍTULO 1

Obtener ENERGÍA

Una niña da una gran mordida a su sándwich de mantequilla de maní. Sabe bien. Pero, ¿qué le sucede a la comida?

El aparato digestivo convierte los alimentos y líquidos en energía. Este aparato hace que las personas reciban los **nutrientes** que necesitan.

PARTES PRINCIPALES DEL APARATO DIGESTIVO

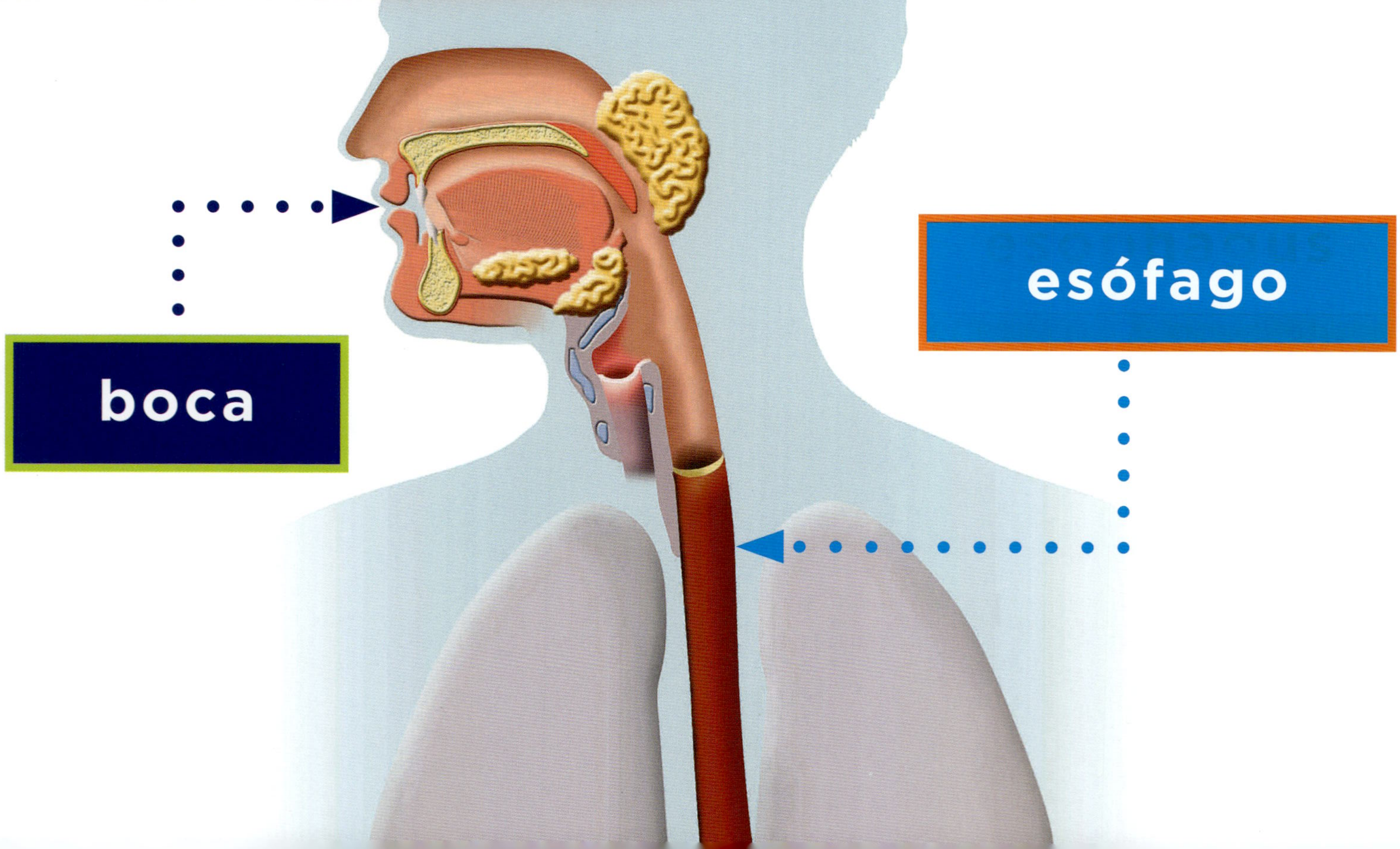

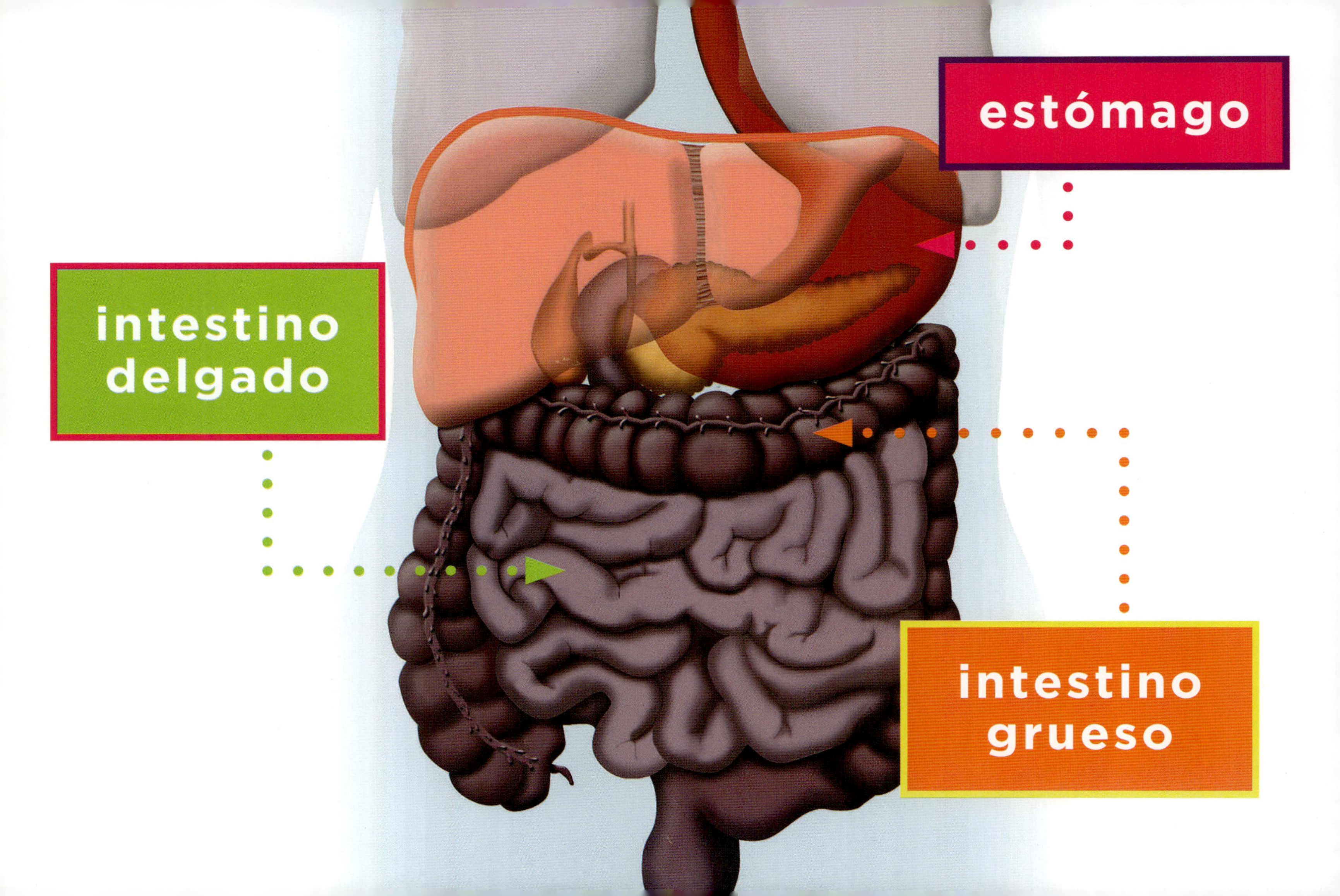
estómago
intestino delgado
intestino grueso

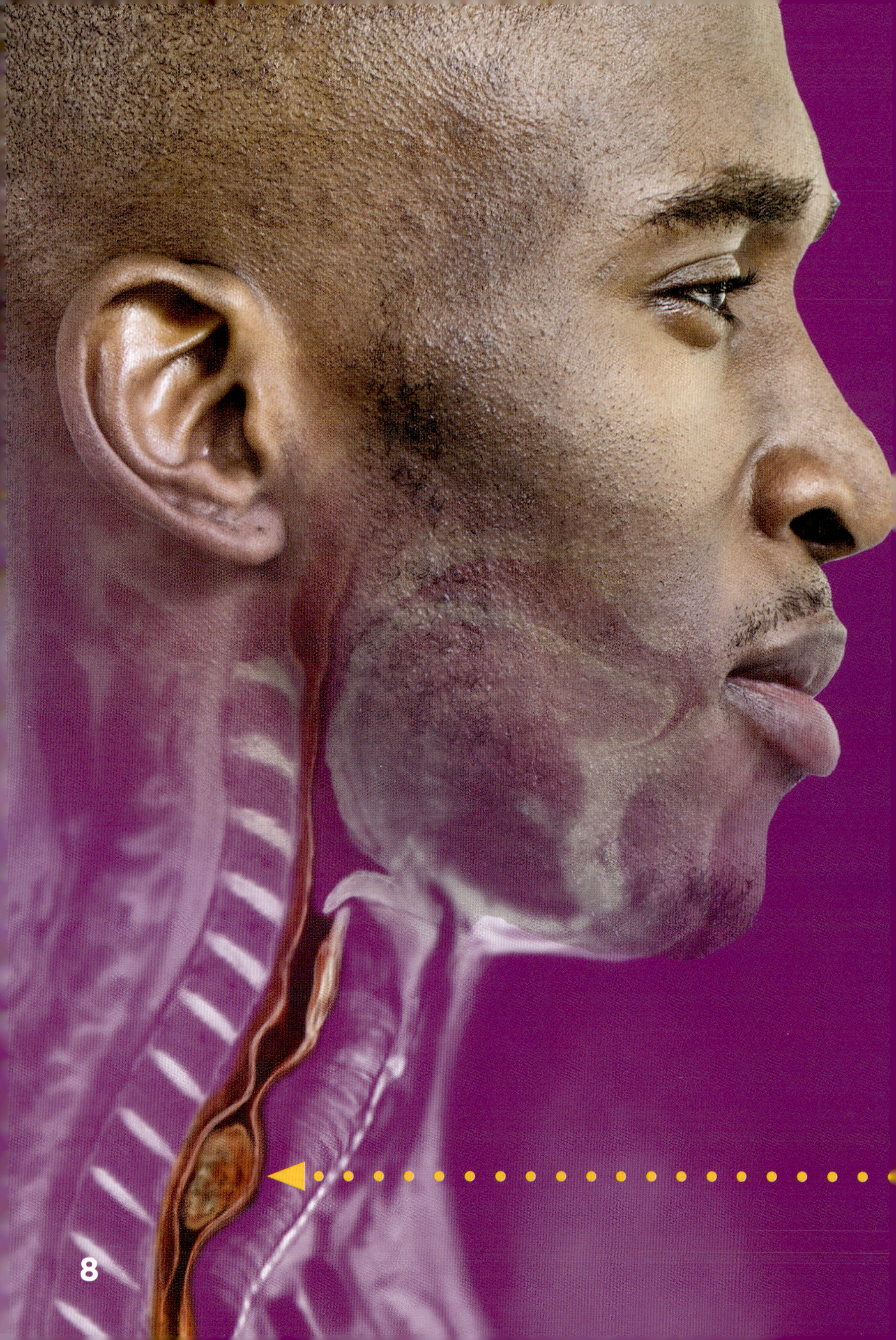

El inicio del VIAJE

La **digestión** comienza en la boca. Los dientes mastican la comida. La saliva convierte los alimentos en una masa húmeda y blanda. Entonces se pueden tragar. La comida se mueve dentro de un tubo llamado esófago.

A través del esófago

El esófago lleva la comida hacia el estómago. Los músculos en la pared del esófago aprietan la comida hacia abajo. Imagina exprimir la pasta de dientes de un tubo. Así es como funcionan estos músculos.

Entender el ahogo

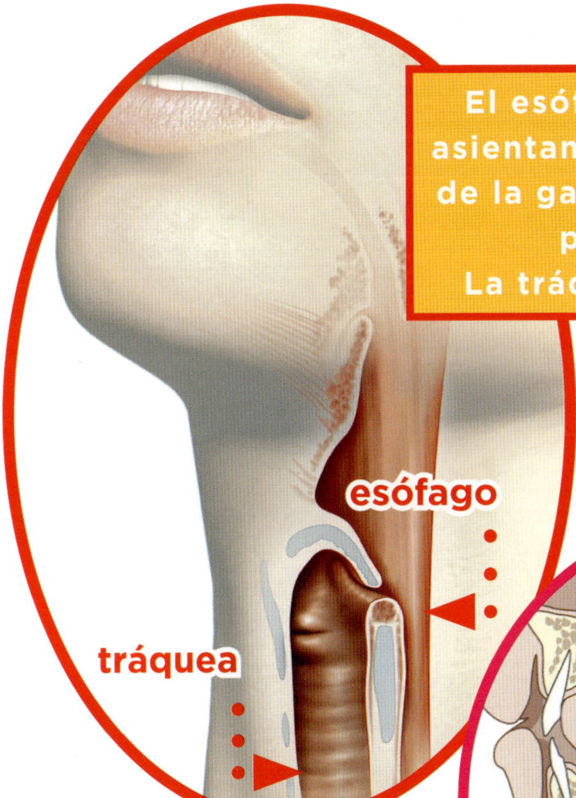

El esófago y la tráquea se asientan en la parte posterior de la garganta. El esófago es para la comida. La tráquea es para el aire.

Una persona traga la comida. Una compuerta en la tráquea se cierra rápidamente.

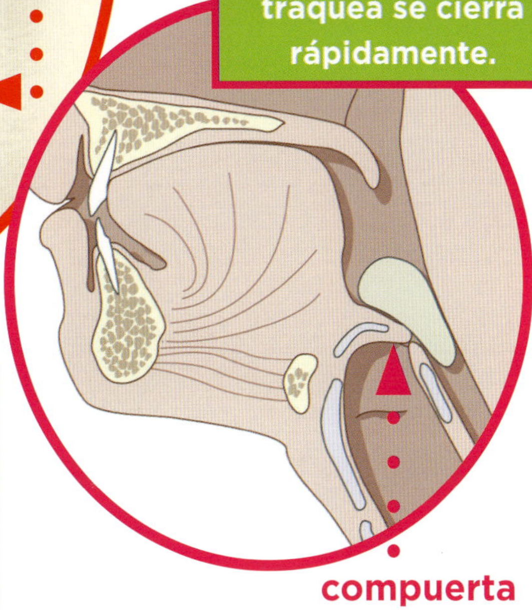

A veces, la compuerta no se cierra a tiempo. La comida puede ir al tubo equivocado. Bloquea el flujo de aire.

Los nutrientes que las personas obtienen de los alimentos

PROTEÍNAS

VITAMINAS Y MINERALES

GRASAS

FIBRA

CARBOHIDRATOS

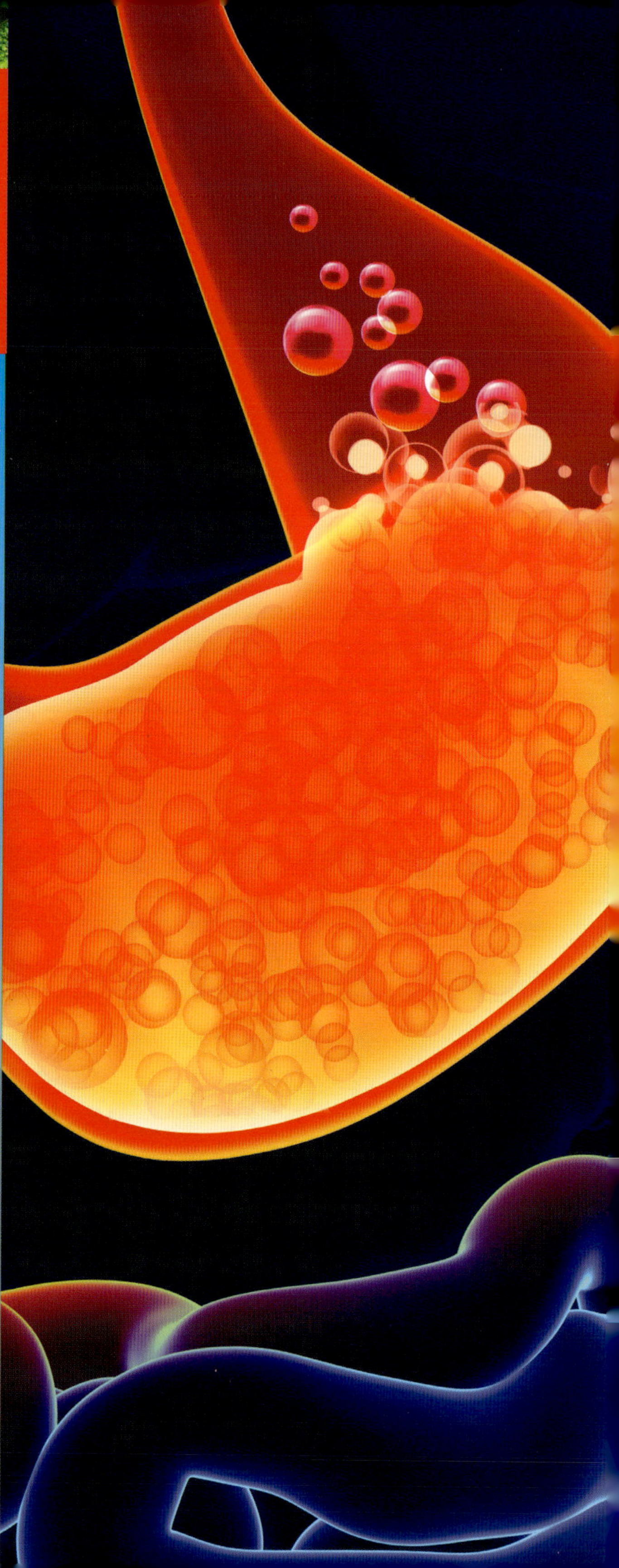

CAPÍTULO 3

Obtener los NUTRIENTES

Los músculos en la pared del estómago mezclan la comida. El **ácido** del estómago convierte la comida en una sopa poco sólida. Pero los nutrientes de la comida todavía están allí. Están listos para el intestino delgado.

El intestino delgado

La mezcla de alimentos viaja al intestino delgado. El revestimiento del intestino delgado es increíble. Está cubierto de millones de protuberancias similares a dedos. Estas vellosidades ayudan a **absorber** los nutrientes de los alimentos. Esos nutrientes pasan por el revestimiento hacia la sangre.

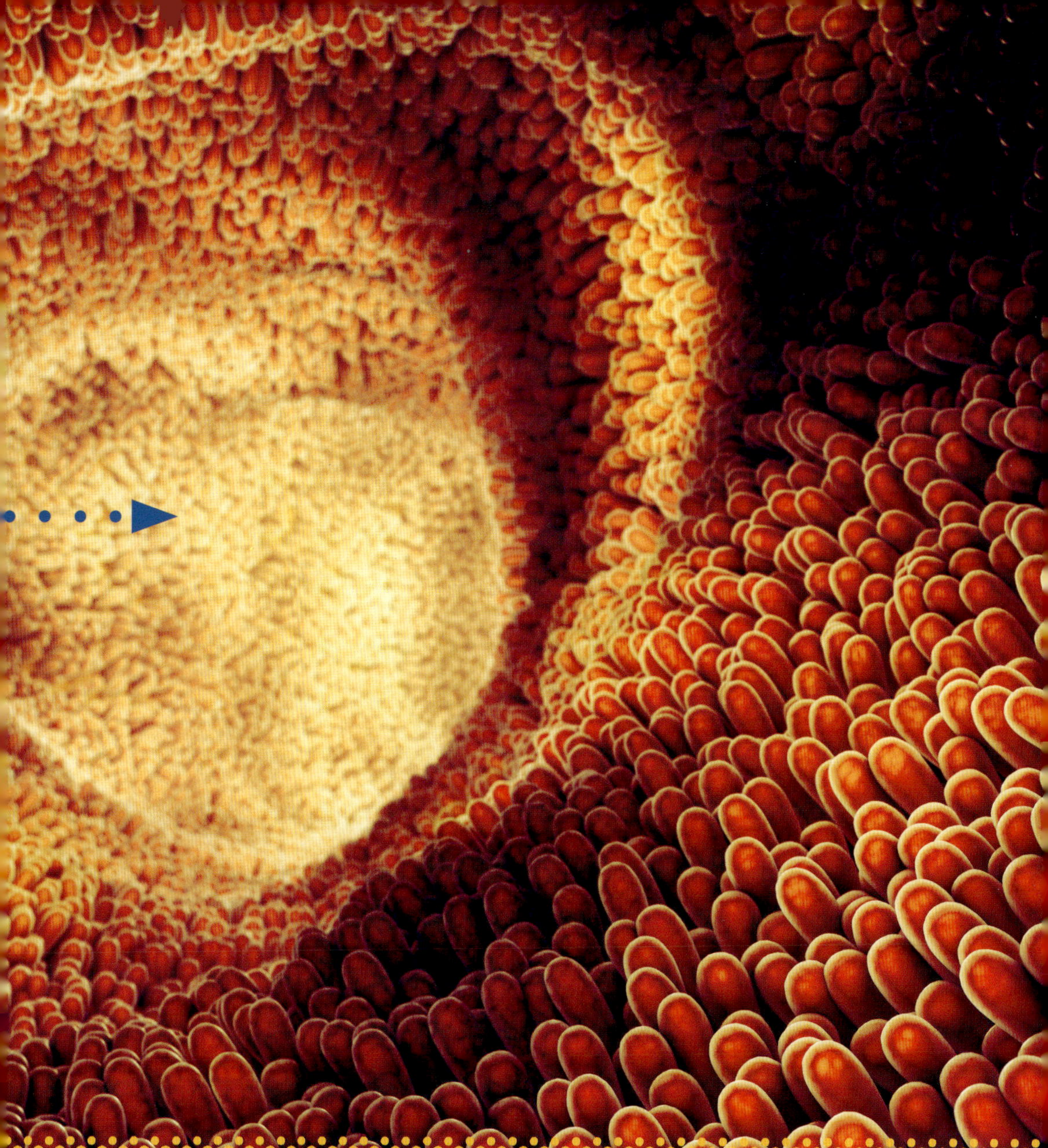

La sangre transporta nutrientes al hígado. El hígado se deshace de cualquier sustancia dañina.

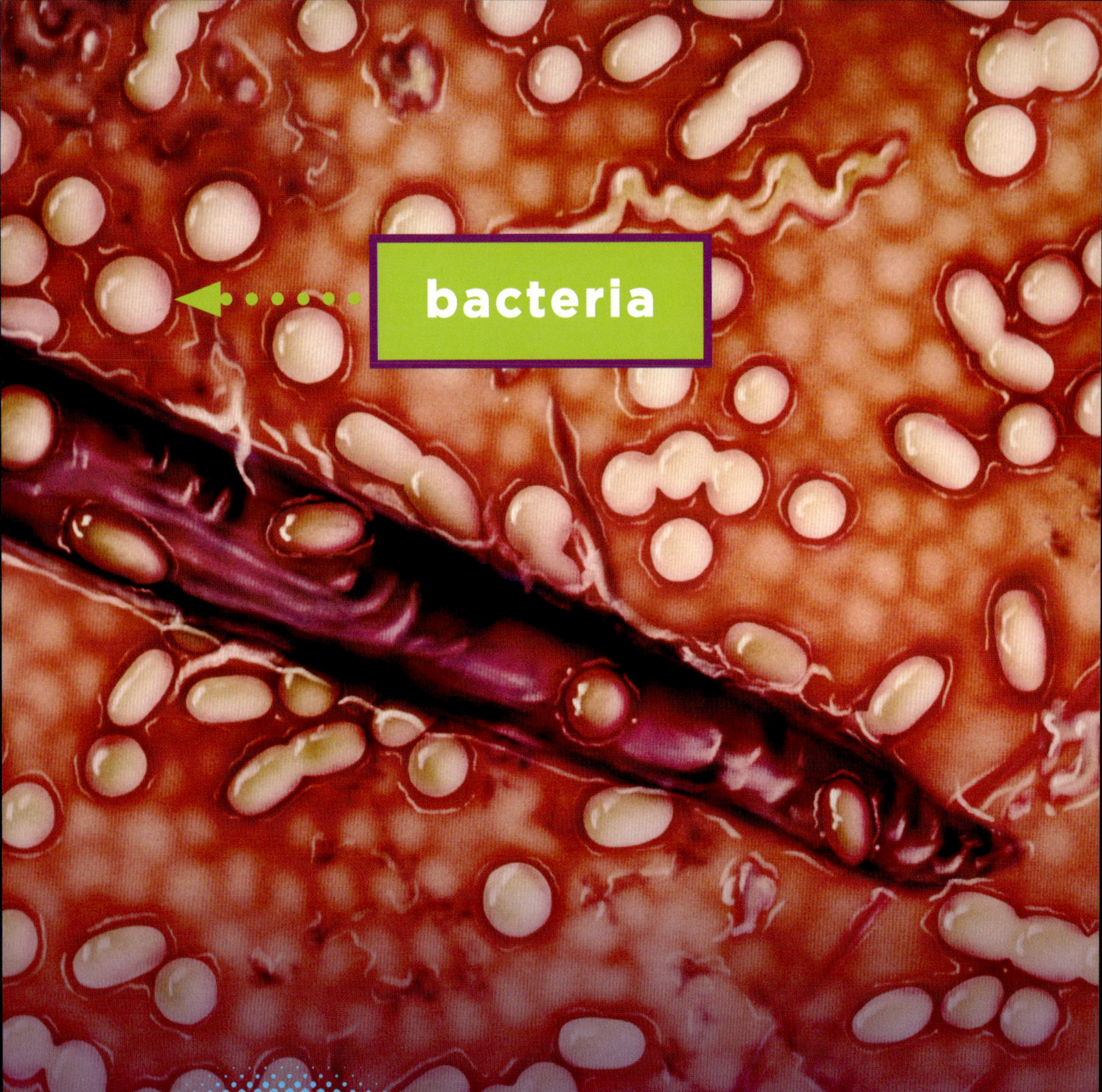

¿CUÁNTO TIEMPO TOMA DIGERIR EL ALIMENTO?

El intestino grueso

A continuación, la mezcla restante se dirige al intestino grueso. Aquí, las bacterias comen las sobras. Absorben las vitaminas y el agua que el intestino delgado no pudo. Sin agua, el desecho líquido se convierte en excremento sólido.

CAPÍTULO 4

La VIAJE de salida

La materia fecal necesita salir del cuerpo. Viaja a la parte más baja del intestino grueso. Esta sección es el recto. El recto almacena la materia fecal hasta que la persona va al baño.

La persona promedio pasa hasta un año de su vida en el baño.

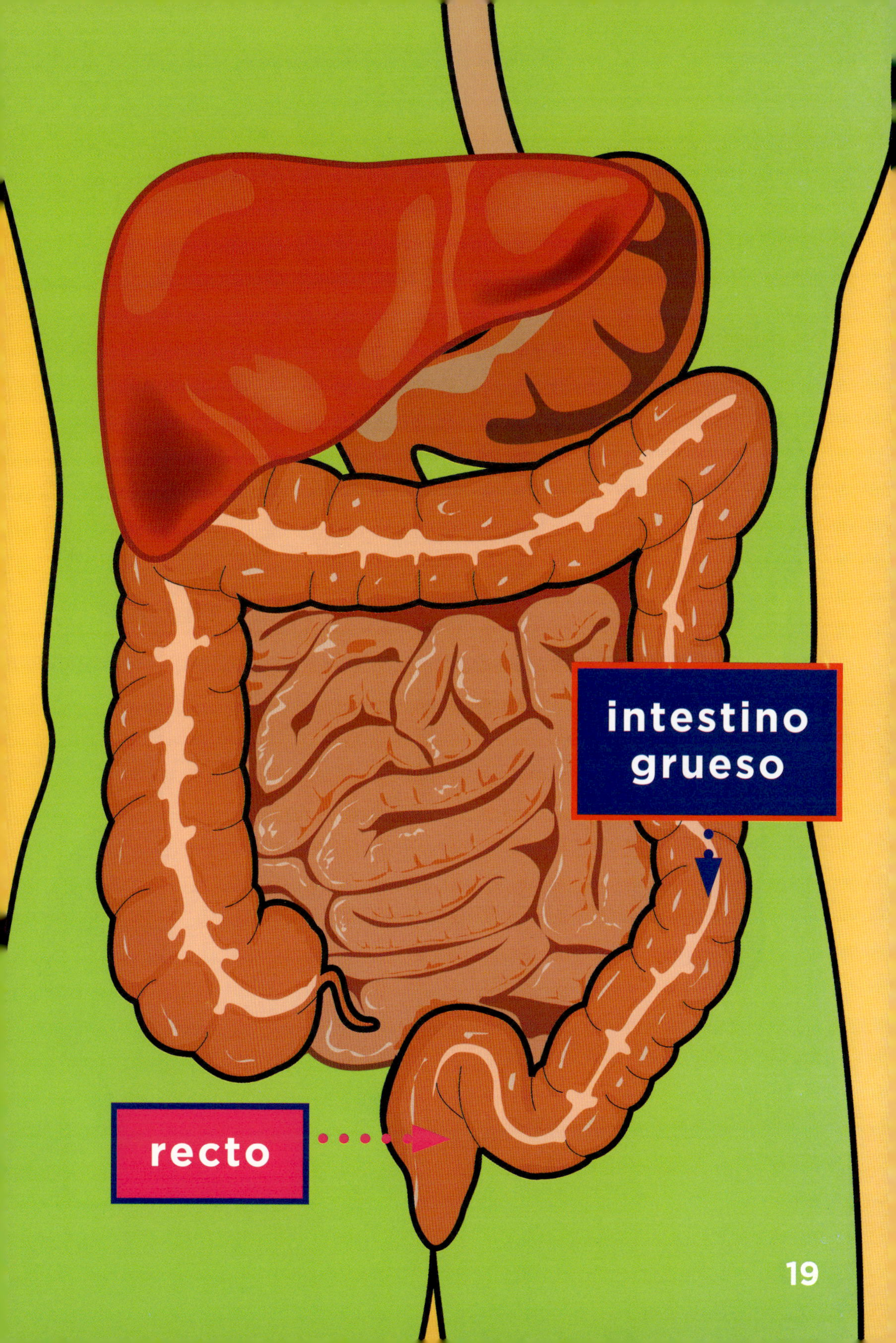
intestino
grueso
recto

UN CRONOGRAMA DEL APARATO DIGESTIVO

Los tiempos son la duración aproximada que los alimentos pasan en cada parte del aparato digestivo.

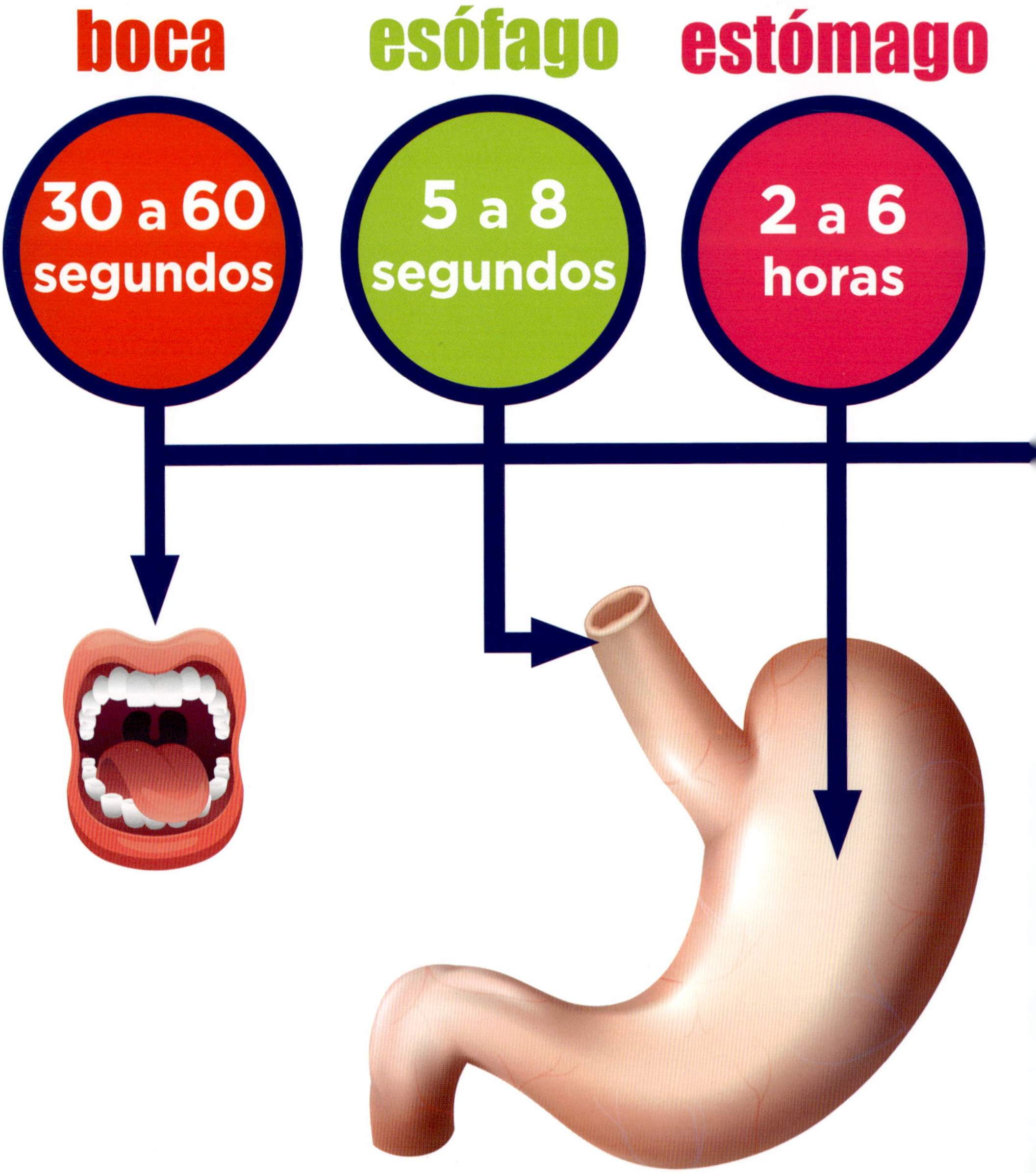

intestino delgado

intestino grueso

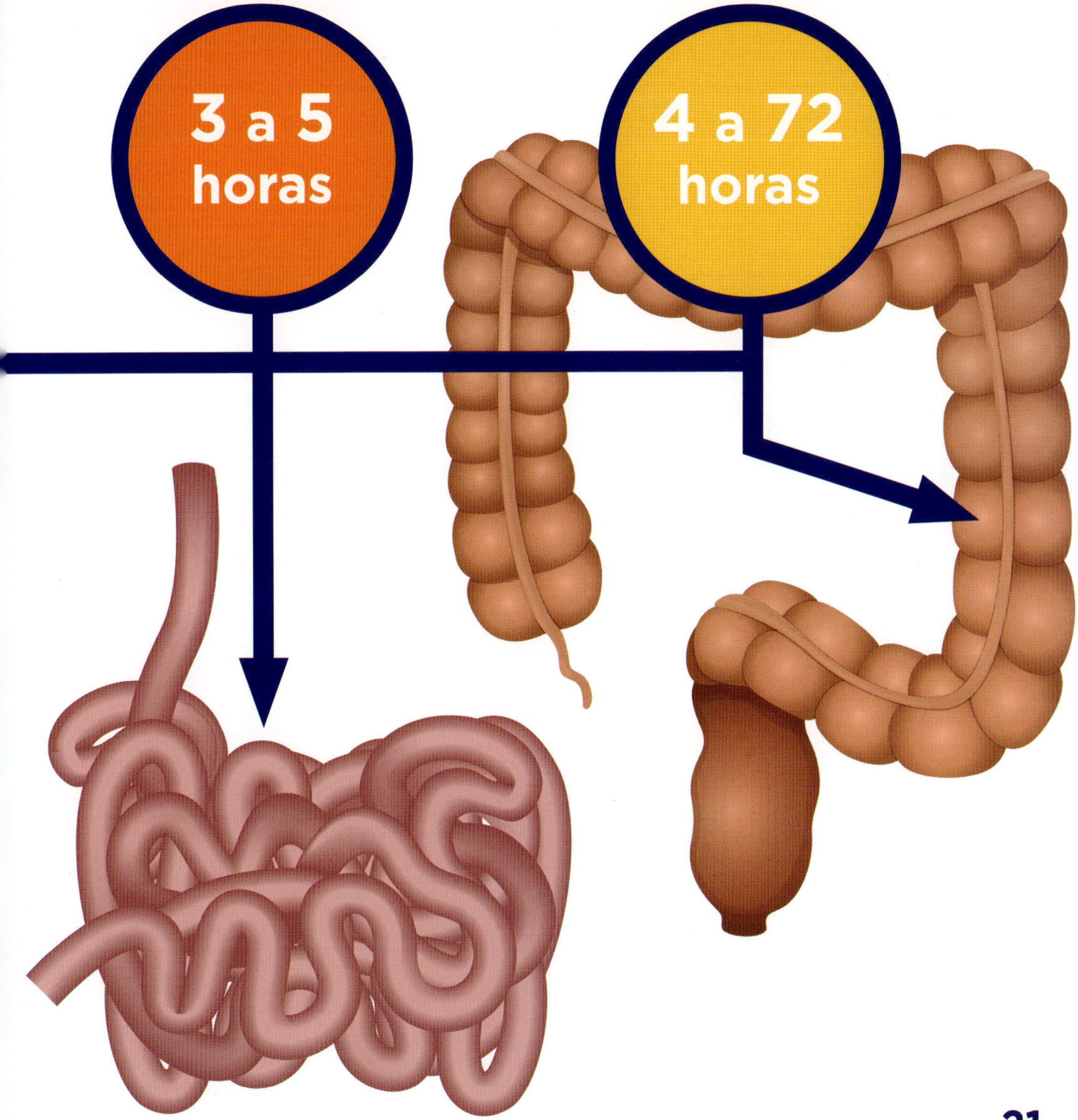

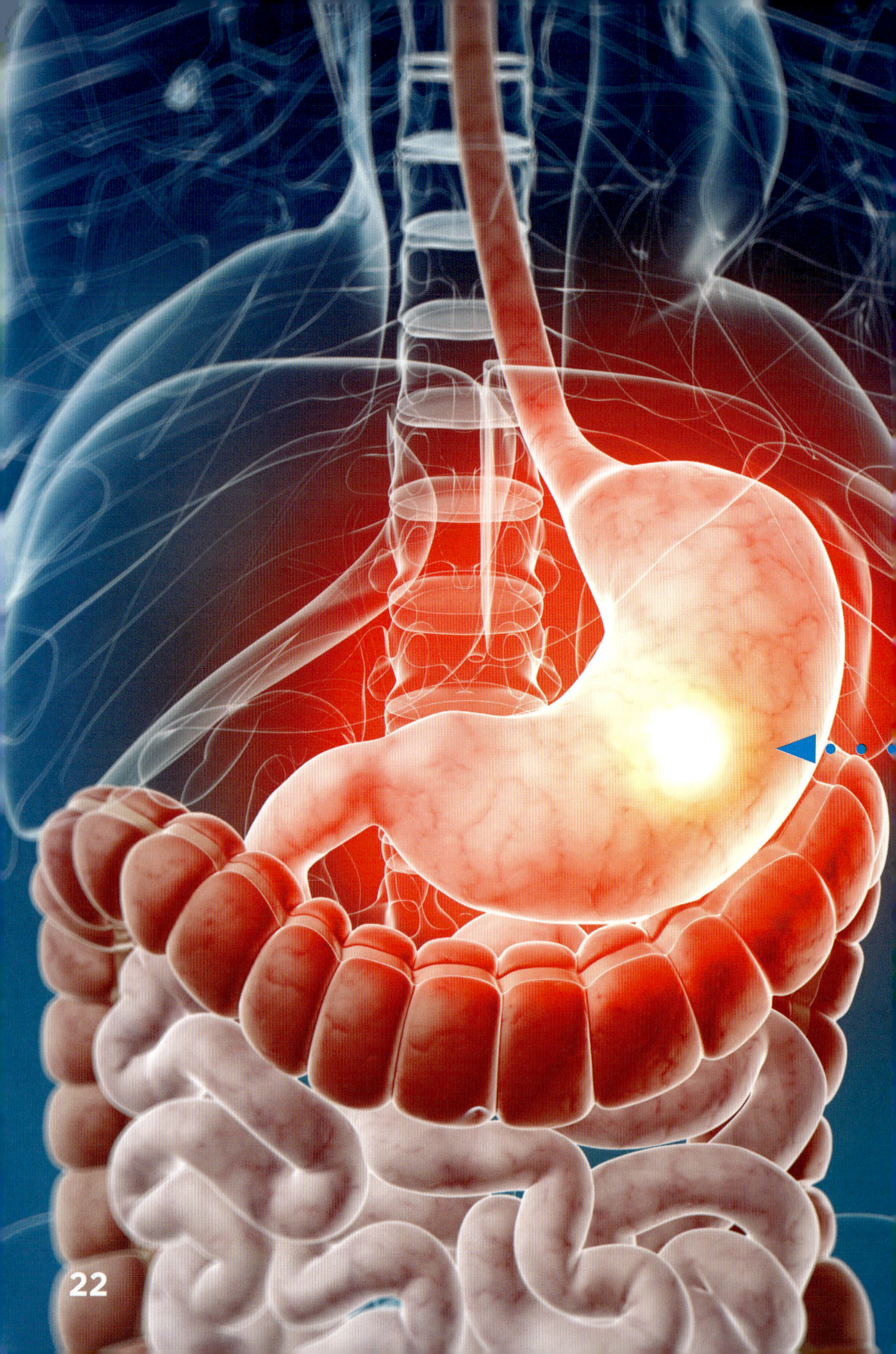

CAPÍTULO 5

Por qué la gente se ENFERMA

Los malestares estomacales son un problema común. Muchas cosas los causan. Comer demasiado a la vez es una de las causas. Cuando esto sucede, el revestimiento del estómago se **irrita**. La gente se siente enferma.

Gastroenteritis

Los virus también pueden causar problemas. Estos gérmenes molestan al estómago y a los intestinos. Esta irritación hace que la gente vomite. Mucha gente llama a este problema "gripe estomacal".

El lavado de manos es una excelente manera de prevenir la gastroenteritis.

Cuidado del aparato digestivo

El aparato digestivo le da energía al cuerpo. Comer alimentos saludables ayuda a mantener el aparato en buenas condiciones. Beber mucha agua también ayuda.

La próxima vez que defeques, agradece a tu aparato digestivo. ¡Está haciendo su trabajo!

POR LOS NÚMEROS

CANTIDAD DE ALIMENTO QUE EL ESTÓMAGO PUEDE TOLERAR DE UNA VEZ

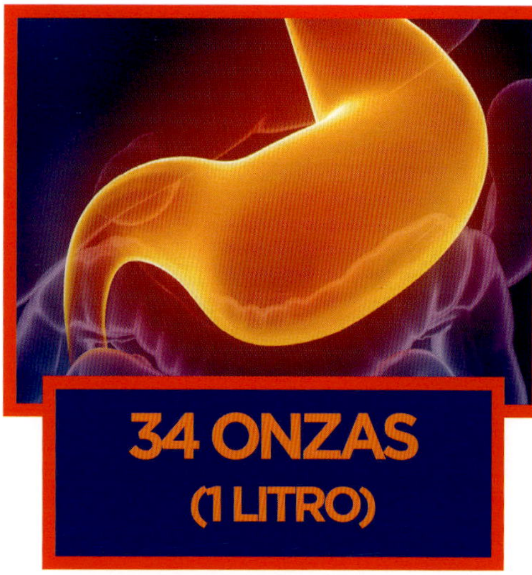

34 ONZAS
(1 LITRO)

10 PULGADAS
(25 centímetros)
LONGITUD PROMEDIO DEL ESÓFAGO DE UN ADULTO

aproximadamente 20 pies (6 metros)

longitud del intestino delgado enderezado

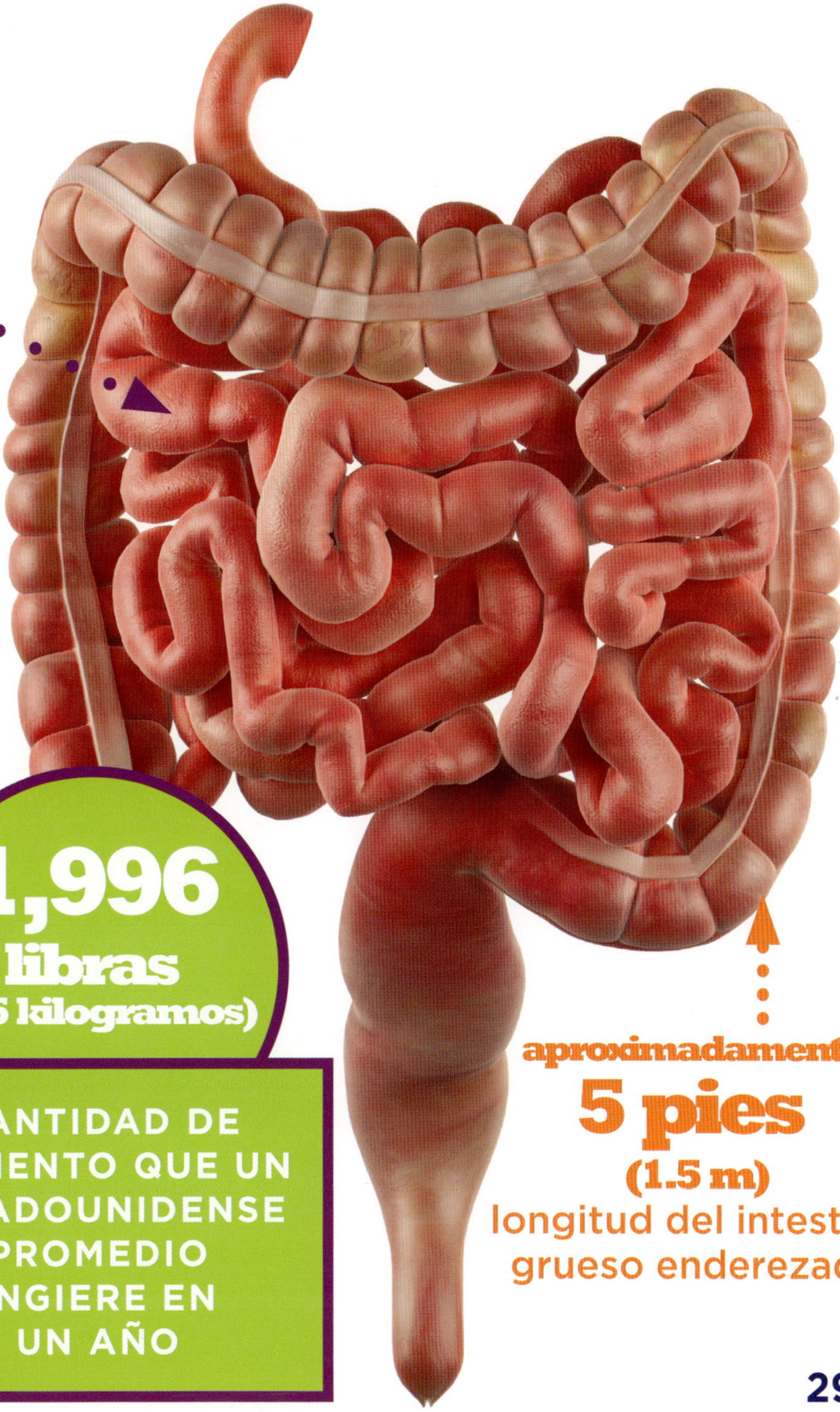

1,996 libras (905 kilogramos)

CANTIDAD DE ALIMENTO QUE UN ESTADOUNIDENSE PROMEDIO INGIERE EN UN AÑO

aproximadamente 5 pies (1.5 m)

longitud del intestino grueso enderezado

GLOSARIO

absorber – asimilar

ácido – una sustancia química que puede disolver algunas cosas

bacteria – una pequeña cosa viviente

digestión – cambiar los alimentos ingeridos por una forma que pueda ser utilizada por el cuerpo

irritar – causar dolor o inflamación

nutriente – una sustancia o ingrediente que una persona o animal necesita para estar saludable

sustancia – materia física a partir de la cual se hace algo

ÍNDICE

A

ahogo, 11

B

bacteria, 16, 17

boca, 6, 9,20

E

esófago, 6, 9, 10, 11, 20, 28

estómago, 7, 10, 13, 20, 23, 24, 28

I

intestino delgado, 7, 13, 14, 21, 24, 29

intestino grueso, 7, 17, 18, 19, 21, 24, 29

N

nutrientes, 4, 12, 13, 14, 15

S

sentirse enfermo, 23, 24, 25

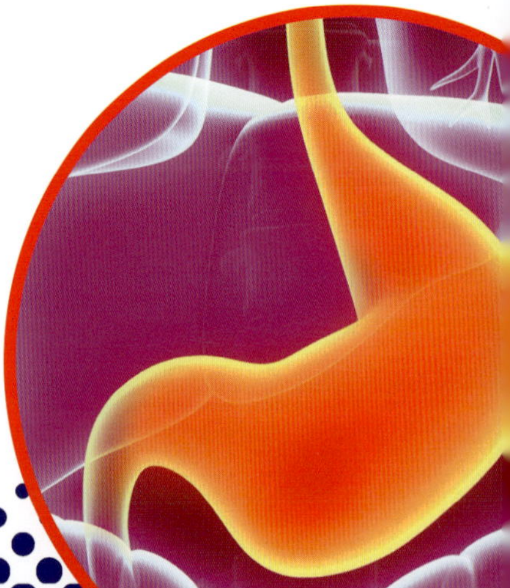